© 1989 für diese Ausgabe mit gekürztem Text und
© 1988 für die Originalausgabe bei Nord-Süd Verlag AG,
Gossau Zürich und Hamburg. Alle Rechte vorbehalten
Druck: La Editoriale Libraria SpA, Trieste
ISBN 3 314 00508 3

3. Auflage 1992

Ein Esel geht nach Bethlehem

Eine Weihnachtsgeschichte von
Gerda Marie Scheidl mit Bildern von
Bernadette

Nord-Süd Verlag

Zu jener Zeit, als über dem Stall von Bethlehem ein heller Stern stand, ging ein Raunen durch das Land: Ein Kind ist geboren in einem ärmlichen Stall. Es soll der neue König sein.

Ein König in einer Krippe aus Heu und Stroh? Ungläubig schüttelten die Leute die Köpfe.

Doch ein jeder, der an den König glaubte, machte sich auf den Weg nach Bethlehem. Auch ein kleiner Esel wollte gehen.
Aber sein Herr sagte: »Das ist doch Unsinn. Ein König wird in einem Palast geboren und nicht in einem Stall.« Und er verbot dem Esel, nach Bethlehem zu gehen.

Da der Glaube des kleinen Esels so stark war, blieb ihm nichts anderes übrig, als sich unbemerkt davonzustehlen.

Es war tiefe Nacht, als der kleine Esel fortging. Er fürchtete sich in der Dunkelheit und wäre am liebsten gleich wieder umgekehrt. Doch wollte er nicht den

neuen König begrüßen? »Gewiß wird dieser mich freundlich anlächeln«, dachte der kleine Esel. Und bei diesem Gedanken verflog seine Angst.

Und der kleine Esel ging weiter, Schritt für Schritt nach Bethlehem. Steile Hügel mußte er überwinden, und die Wege waren steinig. Doch der Esel achtete nicht darauf. Er dachte nur an den König, den er begrüßen wollte.
Unterwegs begegnete er vielen Tieren.

»Wohin gehst du, kleiner Esel?« fragte ihn ein Kamel. »Nach Bethlehem. Ein neuer König soll dort geboren sein. Ich will ihn begrüßen. Darüber wird sich der neue König freuen und mich anlächeln.«
»Was bildest du dir ein, du Esel! Der König wird dich niemals anlächeln. Davonjagen wird er dich, weil du nur ein einfältiges Tier bist«, sprach das Kamel und stapfte weiter.

Traurig blickte der kleine Esel dem Kamel nach. Was sollte er tun? Sollte er weitergehen? Oder lieber umkehren?

Engel in goldenen Gewändern waren den Hirten auf dem Felde erschienen. So wurde erzählt. Sie hatten von dem neuen König gesungen und von Frieden auf Erden. »Ein König, welcher Engel vorausschickt, damit sie sein Kommen ankündigen und Frieden auf Erden verheißen, der wird mich nicht fortjagen«, sagte der kleine Esel bei sich.
Und zuversichtlich trottete er weiter, Schritt für Schritt nach Bethlehem.

Auf einer Anhöhe stand ein Löwe. Geringschätzig musterte er den Esel, der einen König begrüßen wollte, und sprach: »Nur mich wird der neue König anschauen, bin ich doch ein gewaltiges Tier, du aber bist ein Nichts.«
Der Löwe schüttelte seine prächtige Mähne und sprang davon.
Verschüchtert blieb der kleine Esel stehen.

Eine Hyäne trat ihm in den Weg. »Du törichter Esel!« grinste sie. »Du bist gerade gut genug, Lasten zu tragen, aber nicht würdig, deinen Rücken vor einem König zu beugen. Geh zurück, woher du gekommen bist«, höhnte die Hyäne und machte sich davon.

Zurückgehen sollte er? Nein, das wollte er nicht. Was wußten denn alle diese Tiere von seinem brennenden Wunsch, den König in der Krippe zu sehen? Und was konnte er dafür, daß er ein Esel war?

Immer wieder kamen Tiere vorüber, die ihn auslachten. Ein Wolf musterte ihn verächtlich. Selbst die Schafe machten sich über ihn lustig. Und ein Widder zeigte ihm unfreundlich den Rücken.

Da begann der Esel sich seiner grauen Eselshaut zu schämen und wagte kaum noch die Augen zu heben.

So geschah es, daß er vom Weg abirrte und in der Dunkelheit beinahe zu Tode stürzte.
Der kleine Esel rieb sich die schmerzenden Flanken und ließ mutlos den Kopf hängen.

Wie finster es war. Nirgends ein Licht, welches Trost spendete. Oder täuschte er sich? Löste sich die Finsternis nicht auf in einen goldenen Dunst?

Die Engel, die in goldenen Gewändern zu ihm herabgestiegen waren, konnte der kleine Esel nicht erkennen. Aber er spürte ihre Nähe. Vertrauensvoll folgte er ihnen Schritt für Schritt nach Bethlehem.

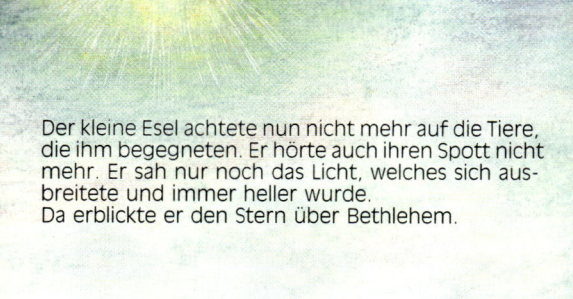

Der kleine Esel achtete nun nicht mehr auf die Tiere, die ihm begegneten. Er hörte auch ihren Spott nicht mehr. Er sah nur noch das Licht, welches sich ausbreitete und immer heller wurde.
Da erblickte er den Stern über Bethlehem.

Freudig betrat der kleine Esel den ärmlichen Stall.
Darin lag ein Kind auf Heu und auf Stroh, so wie es gesagt worden war.
Leise begrüßte der kleine Esel den neugeborenen König. Und als das Kind ihm freundlich zulächelte, da wußte der kleine Esel, daß der neue König auch dem geringsten seiner Geschöpfe Liebe schenkt.

Bisher erschienen:

Hans de Beer
Kleiner Eisbär, wohin fährst du?
Kleiner Eisbär, komm bald wieder!
Kleiner Eisbär, nimm mich mit!
Olli, der kleine Elefant

Bernadette
Varenka

Scheidl / Bernadette
Der kleine Gärtner
Ein Esel geht nach Bethlehem

Scheidl / Pfister
Die vier Lichter des Hirten Simon

Siegenthaler / Pfister
Wie Sankt Nikolaus einen Gehilfen fand

Eleonore Schmid
Wach auf, Siebenschläfer,
Sankt Nikolaus ist da